La Rose Rouge

Maxime MALLO

La Rose Rouge

Recueil

©2017 Maxime Mallo

Editeur : BoD- Books on Demand

12/14 rond-point des Champs Elysées, 75008 PARIS

Impression : BoD- Books on Demand,Norderstedt, Allemagne

ISBN : 9782322156368

Dépôt legal : Avril 2017

à Mic

Sommaire

Abandon

Incompatibilité de labeur

Caresses

Appel au vent

Bouteille à l'amour

36ème dessous de solitude Nord

Photographie

Aveu

J'en ai pris mon parti

Manipulation

Démon de l'ennui

Dans ton élément

Sans modération

Trou noir

Faveur

L'Amour majuscule

La valse déclaration

Sur la route de la vie

Na !

Nostalgie

Osmose

Choix de vivre

Première classe

Bon pied, bon œil

De source sûre

Starlette au haras

Addiction

Ici bas, rien ne vaut
Le satin de sa peau,
L'éclat de ses yeux noirs
Ou son si doux regard.

La vie n'a pas de sel,
Chaque instant, je me traîne
Quand je suis loin de celle
Qui coule dans mes veines.

Sans elle, je suis le chêne
Qui a perdu son roseau ;
Sans elle, je suis l'hymen
Qui a perdu son anneau.

Sans elle, je ne suis rien
Et je ne vais pas bien.
Je survis à grand peine
Avec, au cœur, mes chaînes.

Le temps s'écoule, mélancolique,
Il a perdu ses couleurs,
Je ne suis plus que spectateur,
Je suis devenu apathique.

Ni l'alcool, ni la drogue
Ne soigne ma souffrance,
C'est à devenir dingue
Et je suis sans défense.

Je ne sais le sort qui m'est réservé
Ni la durée de mon supplice
Mais je suis, je le sais,
Au bord du précipice.

Ma vie n'a plus de sens,
Je suis comme en enfer,
Je subis un calvaire,
Quelle sera l'échéance ?

Couleur du temps

Le silence me crie ton nom
Et moi je lui réponds.
La nuit me parle de Toi,
Elle me parle tout bas.
Elle me raconte une histoire
Sur son grand écran noir
Et je la connais par cœur
Le noir est la couleur du bonheur.

La nuit me parle d'avant,
Elle me rappelle un soir,
Un soir d'un autre temps
Où nous étions amants.
Nous parlions d'avenir,
Ecrivions notre histoire,
J'en ai le souvenir,
Le noir est la couleur de la mémoire.

J'avais ton cœur en perfusion
J'étais dans une autre dimension.
Nous n'avions pas de chaîne
Et pas de boulet,
J'étais à Toi, tu étais mienne,
On vivait comme on le voulait
Chaque nuit était de velours.
Le noir, c'est la couleur de l'amour.

La nuit me parle d'aujourd'hui,
De cette vie qui dégénère,
Il s'agit là d'une autre affaire,

D'une comédie douce-amère ;
L'amour a fait place à l'ennui,
Au ciel gris, au cœur meurtri,
Je vous le dis et c'est notoire,
Le noir, c'est la couleur du cafard.

La nuit me parle de demain,
Elle me montre un autre chemin,
Elle me livre ses projets,
Me raconte tous ses secrets.
Oubliés tous les regrets
Et moi je veux bien y croire,
Le noir, c'est la couleur de l'espoir.

La nuit me parle de ta voix,
De tes yeux noirs, de ton parfum,
De nos caresses, de nos ébats,
De joie et de Dolce Vita,
Désormais, je vous le dis,
Le noir, c'est la couleur de la vie.

Ma petite herbe folle

Avec le vent, demain,
Viens prendre ton envol
Pour fleurir mon jardin,
Ma petite herbe folle.

Je voudrais qu'au matin
Tu traverses le sol,
Tu ouvres ta corolle,
Que tu prennes ma main.

Je savoure ton parfum
Quand tu es dans mon jardin,
A l'abri, sous mon parasol,
Ma jolie petite herbe folle.

Ma petite herbe folle,
Tu cours comme un liseron
Dans mon cœur et dans mes chansons
Où tu danses en farandole.

Sans toi, mon herbe folle
Je m'éteins, je m'étiole
Je ne sais d'où je viens
Et je perds mon latin.

Mais quand vient le printemps,
Ma petite herbe folle,
Fébrilement, je t'attends
Pour que tu me consoles.

Tu ressembles à l'amour,
En as tous les atours,
Y compris la parole,
Ma petite herbe folle.

Vers moi, tu te tournes soudain,
A la façon d'un tournesol
Et puis tu prends ma main,
Aussi douce qu'une busserole.

Alors, ma petite herbe folle,
De tes fleurs dont je raffole,
Les pétales vers moi s'envolent,
Je les retiens, je les cajole.

Toi seule mon herbe folle
A le pouvoir divin
De guérir mon chagrin
Car tu es mon idole.

Fin des Faims

La vie pour moi s'est arrêtée
Il y a déjà quelques années
Mais comment faire pour oublier,
Je suis toujours prisonnier, du passé.

Ce jour d'hiver où tu m'as dit
Que notre histoire était finie,
Je ne m'en suis jamais remis
Et désormais je vis comme, un zombie.

Aujourd'hui, je n'reconnais plus
Celui que je vois dans ma glace,
Ce visage qui t'avait plu
Car chaque jour un peu plus, il s'efface.

Je n'ai plus que des souvenirs,
Ne peux plus faire aucun projet,
Je suis en train de dépérir,
Ma conscience est totalement, dérangée.

Que puis-je encore envisager ?
Mon âme en a vraiment assez,
Rien ne peut plus me soulager,
Mon cœur bientôt va faire, un AVC.

Tellement de tendresse à donner,
Bien trop d'amour à assouvir,
Bien trop de souffrances infligées,
Je ne vois pas comment, je peux guérir.

J'ai envoyé des S.O.S,
J'ai déclenché le plan ORSEC,
Largué ma balise de détresse,
Je n'ai plus qu'à préparer, mes obsèques.

Renaissance

J'ai mis ma vie en sommeil
Et sur un malentendu,
Mon Amour, je t'ai perdue
Mais aujourd'hui je me réveille,
J'ai enfin retrouvé l'ivresse
Et j'ai besoin de ta tendresse.

Depuis toutes ces années, je vis,
Mon amour chevillé au corps
Et je veux changer de décor,
Passer de l'envie à la vie.

J'ai besoin de ton amour,
D'un amour maintenant,
D'un amour permanent,
D'un amour au grand jour.

Comme la fleur a besoin d'eau,
Comme l'arbre a besoin du soleil,
Mon corps a besoin de ta peau,
Mon cœur a besoin de merveilles.

Je voudrais changer le cours du temps
Et que tu puisses en faire autant,
Que nous puissions enfin, sur l'heure,

Avoir les yeux en face du cœur.

Je veux accrocher mon manteau
A ton si bel arbre de vie,
Epouser ton corps, ton esprit,
Cela ne serait pas trop tôt.

Je veux que les journées soient faites
De caresses, d'amour et de fête,
En apesanteur, hors du temps
Car tu sais, le bonheur se conjugue au présent.

Je voudrais que souvent l'on rie
Pour un non ou bien pour un oui
Mais s'il faut que tu pleures parfois,
Je veux que tu pleures de joie
Et s'il faut que parfois tu pleures,
Que ce soient des larmes de bonheur.

Et plus tard, sur la voie lactée,
Nous vivrons en tête à tête et,
Dans le creux de nos cœurs,
Je tremperai ma plume
Pour écrire le bonheur
Sur un croissant de lune.

Amour découplé

Je t'en fais la déclaration,
Nous allons vivre à l'unisson
Et comme nous le dit Montagné,
On va s'aimer, on va s'aimer,
Il n'y a pas d'autre solution
Comme Dalila et Samson.

C'est là notre seule ambition,
Ca vire même à l'obsession
Et l'on va bien prendre son temps
Contre marée et contre vents
Sans aucune interrogation
Ainsi que Yonger et Bresson.

On va s'aimer sur tous les tons
Au son de l'accordéon
Et on va s'aimer en musique
Car c'est beaucoup plus sympathique ;
On pourra s'aimer pour de bon
En chansons et sur les Gibson.

On va s'aimer avec passion,
Pas la moindre hésitation,
Que ce soit ici ou ailleurs,
On va s'aimer avec ardeur,

On va s'aimer à la façon
D'Harl et Davidson.

En France ou dans le grand canyon,
Sur la terre ou bien sur Pluton,
On va s'aimer, je te le dis,
On va s'aimer à la folie
Et sans se poser de question
A l'image de Smith et Wesson.

Toi et moi en équation,
Nos cœurs toujours au diapason,
On va s'aimer, je le promets
On va s'aimer, l'hiver, l'été
Et notre amour sera fécond
Comme celui de Mass et Fergusson.

Y'aura d'l'amour à profusion
Entre Princesse et Pygmalion,
Chaque instant sera une fête
Car nous serons en tête à tête,
On va s'aimer comme person
Mieux qu'Cendrillon et Tartempion.

Et dans la même situation
Que Cléopâtre et Pharaon,
Entre nous, pas de décodeur

Pour la mélodie du bonheur,
Pas de plume et pas de crayon,
De hiéroglyphe et Champollion.

Pas non plus de saturation,
Il n'y a pas de discussion
Et nous nous aimerons sans trêve
Comme dans les plus fous de nos rêves ;
Nous serons gais comme des pinsons,
Tout comme Jacob et Delafon.

Et puis j'ajoute en conclusion,
Retenez bien cette leçon,
On va s'aimer, j'en suis certain
Et sans attendre à demain ;
Il n'y aura pas de condition
Comme le disaient Sin et Quanon.

*B*attre en retraite

Votre dos s'est courbé
Et vos cheveux sont blancs,
Vos yeux sont fatigués
Et votre pas est lent.

Vos enfants sont partis
Vers d'autres horizons
Et sans cérémonie
Vous ont mis en maison.

On vous a accueilli,
Avec pour tout bagage,
Un petit paquetage,
Quelques photos jaunies.

Vous êtes résignés,
Vous ne demandez rien,
Vous autres, les anciens,
On vous a consignés.

Vous êtes délaissés
Par vos propres enfants ;
Vous, leur Papa, Maman,
Vous êtes endeuillés.

Et vous ne voyez pas

Davantage les petits,
Vous êtes aujourd'hui
Persona non grata.

Vous avez malgré tout
Tant d'histoires à conter,
Tant d'amour à donner,
A vos petits chouchous.

Quelle était votre erreur
Pour qu'on vous embastille,
Pour perdre votre honneur,
Pour que l'on vous châtie. ?

Est-ce d'avoir vieilli
Qui vous fait mériter
Ainsi d'être bannis
Et la perpétuité. ?

Et vous voyez flancher
Un peu votre mémoire ;
A quoi sert de lutter
Pour quelques souvenirs
Quand on n'a plus d'espoir,
Plus personne à chérir. ?

Avant d'abandonner
Ainsi vos « chers aïeux »

Sachez que tôt ou tard
Et c'est prémonitoire,
Ca vous pendra au nez
De devenir comme eux.

Je parle à vos bourreaux :
Regardez vos parents,
Pour vous, viendra le temps
De faire les totaux,
De tirer le rideau,
D'entrer dans le ghetto.

Regardez-vous en face,
Pas seulement en surface,
Rendez à vos aînés
Le bien qu'ils vous ont fait.

Alter égaux

On a le même cœur
Et le même cerveau,
Tu es mon âme sœur
Toi mon alter ego.

On les mêmes goûts,
On bat du même pouls,
Toi, tu me corresponds
Et moi, je te réponds.

On a la même foi,
On a la même loi
Et les mêmes idées,
J'en suis éberlué.

On a le même feu,
Je le vois dans tes yeux.
On a les mêmes jeux
Chaque jour que fait Dieu.

Et puis l'on peut se taire,
Pas besoin de parler,
Je sais ton univers,
Tu lis dans mes pensées.

Il suffit de bien peu
Comme on est amoureux
Et Toi à mes côtés
C'est le quatorze juillet.

Toi, tu es mon reflet
Et je suis ton image,
Tu es mon stylet
Quand je suis ton message.

Nous n'avons qu'un seul ciel
Au-dessus de la couche,
Un unique soleil
Mes lèvres sur ta bouche.

Pas besoin de télé,
Assis au coin du feu,
Du moment que tes yeux
Dans les miens sont plongés.

Quand tu marches tout droit,
Je suis la même voie,
On fait les mêmes choix
Et jamais de faux pas.

Toi tu es mon miroir,
Je te vois dans ma glace.
Tu es tout mon espoir,
Tu sais lire mes traces.

Comme deux gouttes d'eau
Ou bien de vrais jumeaux,
Nous formons un duo,
Toi, mon alter ego.

Le son de ta voix
En moi se fait l'écho,
Je suis ton émetteur
Et nous rions en chœur.

Tu es le souffle qui gonfle mes poumons,
Tu es la chair qui brûle sous ma peau,
Tu es mon horizon
Et mon plus beau cadeau.

Etoile du berger,
Je te montre le nord,
Je te ramène au port
Quand tu es égarée.

Tu es l'accord majeur
Apaisant mon humeur.
Je mets de la couleur
Pour que tu n'aies pas peur.

Que l'on blesse ton cœur,
Le mien est amputé
Et ta moindre douleur
En moi fait résonner.

Beaucoup de gens sur terre
Ne peuvent imaginer
Qu'on puisse ainsi s'aimer,
Pour eux, c'est un mystère.

Coup de foudre

Il n'y aura plus de problème
Puisque désormais, tu l'aimes.
Tu as rendez-vous avec l'amour,
Plus rien n'existe aux alentours.

Elle a mis le feu dans ta tête
En un instant, une seconde.
Chaque jour ne sera qu'une fête
Tu es le plus heureux au monde.

Elle te donne tellement d'envie,
Elle te donne tellement de force,
De tout, tu as de l'appétit
Et plus jamais tu ne renonces.

Elle est tout ce que tu espérais,
En toutes choses, elle est parfaite ;
Tu le sens bien, pour toi elle est faite,
Elle a tout ce dont tu rêvais.

Tu as peine à croire en ta chance,
Tu n'en reviens, pas quand tu y penses,
Tu ne sais plus si tu sommeilles
Ou si elles sont vraies, ces merveilles.

Combien de femmes, combien d'hommes
Ont-ils connu pareille ivresse,
En ont ressenti les symptômes,
Le cœur gonflé par l'allégresse ?

Mais dans l'état où tu te trouves
Tu découvres avec horreur
La peur de perdre ce bonheur
Et que soudain le ciel se couvre.

*R*upture

Avancer sans se retourner,
Surtout, ne pas regarder en arrière
Et ne pas tomber inanimé,
Ne pas être changé en pierre.

Marcher comme un acrobate,
Ne plus penser à toi,
Se déplacer comme un automate,
Ne plus penser à soi.

Ne pas se souvenir
Pour ne plus souffrir ;
Ne pas garder l'image
De ce si doux visage.

Effacer les stigmates,
Les journées et les dates,
Prendre de la hauteur,
Oublier le bonheur.

Laisser le temps passer
Ou du moins essayer,
Plonger dans le brouillard,
Abandonner l'espoir.

Ne jamais se tourner,
Ne pas chercher une ombre,
Se fondre dans le nombre
De ces gens disgraciés.

Apprivoiser la nuit
En sachant que demain
Je ne prendrai plus ta main,
J'affronterai l'ennui.

Et faire un pas déjà,
En faire un, c'est déjà ça ;
Avancer au moins une fois,
Avancer, avancer sans toi.

Et puis faire un geste
Ou ce qu'il en reste,
Poser les yeux au hasard,
Enfin oser un regard.

Tenter d'imaginer
Ce qu'on fera demain
Avec le cœur atrophié,
Quel sera le chemin.

Se demander comment
On a fait, toi et moi,
Se demander pourquoi
Nous ne sommes plus amants.

Mais forcer le destin,
Repenser l'avenir
Car il faut vivre enfin,
Tacher de reconstruire,

Même si ce n'est qu'un leurre
Car on le sait déjà,
Un grand amour ne meurt,
Un jour, on s'en aperçoit.

Juste une question

Pourquoi y a-t-il des jours sans Toi,
Des jours sans entendre ta voix,
Pourquoi y a-t-il des quais de gare,
Ton train toujours en retard.

Pourquoi es-tu sous d'autres cieux
Et pourquoi vois-tu d'autres yeux,
Pourquoi là-bas le ciel est bleu
Tandis que dans mon cœur il pleut.

Pourquoi le temps passe si vite
Quand je te serre tout contre moi,
Pourquoi sont-ils si longs, les mois
Quand tu t'en vas, quand tu me quittes.

Pourquoi faut-il qu'avec Toi le temps
Ne dure pas plus que l'instant,
Pourquoi faut-il que cette vie
Ne se résume qu'à l'envie.

Pourquoi ces rendez-vous furtifs,
Pourquoi ces moments éphémères,
Ces rencontres de fugitifs
Quand, tous deux, nous quittons la terre.

Pourquoi y-a-t-il des jours, ma foi
Où je n'ai plus le goût à rien,
Où je ne prends plus de repas,
Pourquoi est-ce que la nuit revient

Pour prolonger le supplice
D'une vie par intermittence,
Me plonger dans des abysses
Quand je rêve d'amour en partance.

Pourquoi faut-il que je patiente,
Que j'attende un signe de Toi
Quand j'ai cet amour qui me hante
Et ce cœur qui ne comprend pas.

Pourquoi même y-a-t-il des pourquoi
Quand la raison me fait défaut,
Quand le mal me colle à la peau
Et quand il n'y a pas de choix.

Pourquoi y-a-t-il des jours sans Toi,
Des jours à t'attendre sans fin,
Je m'interroge et c'est en vain,
Qui peut donc entendre ma voix.

Pourquoi n'y-a-t-il personne sur terre
Pour exaucer cette prière
Mais au moment où je désespère,
Tu parais dans mon univers.

Mes Mirages

Je te vois dans la rue
Au bras d'un inconnu
Qui pourrait être moi
Mais aussi dans les nues
Et j'en suis tout ému
Et j'en reste pantois.

Je te vois dans les couples,
Je te vois dans la foule,
Je te vois quand je roule,
Imagine mon trouble.

Je vois cette Maman
Agenouillée devant
L'enfant blessé qui pleure,
J'en ai un choc au coeur.

J'aperçois cette femme
Qui promène son chien
Et aussitôt mon âme
Te cherche et se souvient.

Tu parais en gros plan
En salle, sur l'écran,
Me donnant un baiser,
Je suis hypnotisé.

Je croise ta voiture,
Une qui lui ressemble
Et je nous vois ensemble
Traversant la nature.

La moindre silhouette
Passant sur un chemin
A pieds, à bicyclette
Et je suis mal-en-point.

Je vois que tu approches,
Que tes bras tu accroches
Tout autour de mon cou
Et cela me rend fou.

Je peux nous voir l'été,
Côte à côte allongés,
Je me vois sur la plage
Regardant ton visage.

Je me vois arriver,
T'attendre au petit bois,
Te vois courir vers moi,
Je te vois m'embrasser.

Je ne veux voir que Toi
Dans l'épaisse fumée,
Quand je fais du vélo,
Dans le ciel étoilé.
Dans le chant des oiseaux,
Je reconnais ta voix.

Je te vois dans mon lit,
Je te vois dans la nuit,
Je te vois me sourire,
Je sens que je chavire.

Lorsque j'ouvre les yeux,
Je vois tes doigts si fins
Qui se mêlent aux miens
Et je suis dans les cieux.

L'amour fait des prodiges,
L'amour donne des vertiges.
C'est dans ses doux délires
Mon sang que l'on aspire.

Tu vis auprès de moi,
Tu vis aussi en moi.
Je sais, mes yeux me mentent,
Mon esprit est cardiaque,
Ma raison est démente,
Mon cœur est insomniaque.

Il y a des chevaux blancs
Qui tirent un beau carrosse,
Il y a beaucoup de gens,
C'est le jour de nos noces
Et la fièvre m'emporte
Quand tu frappes à ma porte.

uteur / Compositeur

J'écris pour ma muse,
Un peu pour m'amuser.
J'écris ma musique
Mais pas pour les musées.

Il faut que je vous dise,
Je le fais pour ma Lise
Et quand je suis en crise
Ou qu'elle fait sa valise.

Je cueille la rose
Après la rosée
Encore à peine éclose
Et je la lui propose.

Pas de science infuse,
Il faut réviser
Et que ça infuse
Pour que les idées fusent

Mais de toute chose
Il ne faut abuser
Car les rimes s'usent
Et puis l'on s'enlise.

J'ajoute à ma prose
Quelques anacrouses
Je les place et les doses
Quand j'ai trop le blues.

Un peu de matière grise,
Les idées foisonnent.
Les notes résonnent
Et je les dispose.

Je dois faire des pauses
Et entre deux prises,
Faut que je me repose
Sinon je m'épuise.

De grâce

De grâce,
Accorde-moi encore une chance,
Donne- moi un peu d'espoir,
Laisse-moi encore y croire,
Essaie de te mettre à ma place.

De grâce,
Dis-Toi que rien ne remplace
Cet amour inoxydable,
Qu'il constitue ma carapace
Et qu'il m'est indispensable.

De grâce,
Je t'en supplie, ne reste pas de glace,
Souviens-Toi du bonheur d'antan,
Que nul ne peut t'aimer autant,
Tu sais que tu peux avoir confiance.

De grâce,
Rappelle-Toi ces jours lointains
Que la mémoire jamais n'efface,
Ce bonheur hors du commun
Que si peu de gens embrassent.

De grâce,
Ne perdons pas un temps précieux,
Sortons enfin de cette impasse,
Soyons tous deux plus ambitieux
Avant que la mort nous terrasse.

De grâce,
Retrouvons-nous dans cet espace
Où n'existe pas d'autre loi
Que l'amour entre Toi et moi,
Où l'on ne connaît pas l'angoisse.

De grâce,
Ne repousse-pas ce cœur tendu
Dans ma main, toujours éperdu,
Qui ne vit que lorsque je t'enlace,
Dans ta vie, fais-moi une place.

Je t'en supplie, délivre-moi
De ce malheur, de cette poisse,
Je t'en prie, ne délivre pas
A notre amour le coup de grâce.

Entre Nous

Je veux être celui
Qui vous parle d'un Ange ;
Je veux passer ma vie
A chanter ses louanges.

Il a gravé un jour
Sur mon cœur adolescent
Son nom en lettres de velours
Et coule dans mon sang.

Il parcourt mes artères,
Navigue dans mes veines
Mais jamais il n'entraîne
De dégâts coronaires.

Il répand ses caresses
Sous les pores de ma peau
Et mes poils qui se dressent
Lui font comme un drapeau.

Il fait danser mes gènes
Au rythme de son pouls
Et sur mon ADN
De son amour, il joue.

Si je le porte en moi,
Il n'est pas une charge,
Je ne sens pas son poids
Tant ma vie il recharge.

Chaque jour il réchauffe
Mon corps et puis mon âme,
Le fera toujours, sauf
Si s'éteignait sa flamme.

Je manque d'Elle

Dans les rues de la ville, j'erre.
Je sais de ce que j'ai l'air,
On doit me prendre pour un fêtard
Ou alors pour un clochard.

Mais si je suis dehors,
C'est pour trouver mon Or,
Retrouver mon décor
Car j'ai perdu le nord.

Tous les pavés, je foule ;
Je cours, je me défoule ;
Je la cherche parmi la foule,
Je me rends compte que je coule.

Je la cherche de gare en gare,
Cheveux défaits, les yeux hagards.
Dans la nuit, parmi les éclairs,
J'étouffe et je manque d'air.

Je n'ai plus l'usage des mots,
N'ai plus la notion du temps,
Je ne sais plus d'où vient le vent,
Je sais juste ce qu'il me faut.

Je n'ai plus de rôle dans la pièce,
N'appartiens plus à cette espèce,
J'ai soudain changé d'univers,
Ce monde là tourne à l'envers.

Alors je tourne en rond,
N'entends plus les klaxons,
Ne trouve plus ma maison,
Grande est ma confusion.

Je titube, je chancèle,
Je continue mon raid
Et personne qui m'aide,
Je manque d'Elle.

Personne à l'horizon,
Les heures qui se succèdent,
Je n'ai pas mon remède
Et je perds la raison.

Regain

Serrer, contre soi une main
Que l'on croyait perdue
Et puis, ressentir tout ce bien
Qui nous emporte aux nues.

Marcher, sous un ciel étoilé
Au rythme de nos cœurs,
Sourire, rien qu'à se regarder,
Respirer le bonheur.

Sentir, ton ventre sur le mien
Tendrement épousé,
Presser, dans le creux de tes reins
Ma main électrisée.

Goûter, ces moments enivrants
Jusqu'à l'étourdissement,
Plonger, dans les festivités
Et la félicité.

Sentir, nos cœurs au diapason
Tout comme nos raisons,
Jouer, de toutes nos envies,
Des cordes de la vie.

Toucher, ce qu'on nous avait pris
Ce qui n'a pas de prix,
Et clore, la longue pénitence
Par l'heureuse sentence.

Enfin, être invité au bal,
Profiter de la fête,
Danser, tout comme un animal
Jusqu'à perdre la tête.

Sortir, de la convalescence,
Prendre en mains le destin
Afin qu'aujourd'hui recommence
Notre amour olympien.

Se dire, qu'il y aura un demain,
Qu'on ne va plus souffrir,
Savoir, qu'il y aura un refrain,
Que le jour va tenir.

Penser, mais ne plus réfléchir,
Se nourrir de tendresse,
Aimer, ne plus s'appartenir,
Donner jusqu'à l'ivresse.

Aimer…t'aimer…s'aimer.

La Quête

J'ai connu des printemps
Aux saveurs insipides
Et j'ai goûté des fruits
Beaucoup trop acides.

J'ai cherché son reflet
Dans les rus, dans les ondes
Mais je n'ai pas trouvé
Le bonheur qui m'inonde.

Je l'ai cherchée pourtant
Dans tous les bois dormants,
Au Pays des merveilles,
Sous la pluie, le soleil.

J'ai battu la campagne
Et foulé le pavé
Mais pas plus de compagne
Que de beurre embroché.

Mais j'ai eu beau chercher,
Plus loin que le bout de mon nez,
Eu beau chercher longtemps,
Sur terre et sur les océans,

Je n'ai pas trouvé son empreinte,
Je ne l'ai pas rejointe,
Ni à droite, ni à gauche,
Depuis que je chevauche.

Je n'ai trouvé encore
Ma mie sur cette terre
Quel que soit le décor,
Alors je désespère.

J'ai questionné la vague,
Interrogé le vent,
Je l'ai cherchée en vain
Dans les vapeurs du vin
Et parfois je divague
Tout seul sur mon divan.

Je l'ai cherchée aussi
Dans tous les festivals,
Dans tous les carnavals,
Imploré le Messie,
Vendu mon âme au diable,
J'étais si vulnérable.

J'ai cherché mon trésor
Des mois et des secondes ;
Je chercherai encore
Jusqu'à la fin du monde.

J'en appelle au dix huit juin,
Aux Américains, aux russes,
J'en appelle à tous les saints,
Et au Spiritus Sanctus.

Impression

J'ai quand même l'impression
Qu'on nous regarde de loin
Qu'on nous prend pour des
Concitoyens.

Si tu veux une bagnole
Il te faut du pétrole
Et ça devient moins drôle
Quand faut passer à la caisse.
Tu dois changer d'adresse,
Ça vaut la peau des fesses.

Tu voudrais une baraque,
Va falloir que tu raques
Et avec les travaux,
T'as trente ans sur le dos.
Avec l'immobilier,
C'est toujours pour tes pieds.

Tu aimes voyager
Et tu veux du soleil,
Il va falloir payer
Et c'est toujours pareil ;
Si tu veux des merveilles,
Faut sortir ton oseille.

Trois caries et un kyste,
C'est ça qui te chagrine ;
Faut refaire la vitrine,
Aller chez le dentiste.
Mais pour entrer en piste,
Tu oublies les Malouines.

Tu as fait un mariage
Qui n'est pas sans nuages.
Quand tu parles divorce,
Alors là, ça se corse.
Tu prends un avocat
Et t'en as pour un bras.

Durant toute ta vie,
Tu fais des économies
En te disant « plus tard
J'aurai un coin peinard »,
Que tu seras relax…
Mais tu oublies les taxes.

Tu trimes comme un damné,
Tu n'vois pas ta famille ;
T'es toujours débordé
Et toujours pas la quille
Car les enfants sont grands,
Veulent un appartement.

Tu te dis qu'au loto
Tu vas pouvoir te r'faire
Mais tu sais, le gros lot,
Ce n'est pas pour ton blair.
C'est l'Etat qui empoche,
Oui, je sais, c'est très moche.

Quatre vérités

Chez toi, c'est un capharnaüm
On n'y retrouve pas son homme ;
C'est à vomir, c'est à faire peur,
Nous n'avons pas les mêmes valeurs.

Tu aimes la techno, les rapeurs,
Tu dénigres et puis tu jases
Tandis que moi, j'aime le jazz,
Nous n'avons pas les mêmes valeurs.

Toi, tu n'es jamais à l'heure,
Tu dis bonjour quand tombe une dent,
Nous n'avons pas les mêmes valeurs,
Cela me parait évident.

T'as des amis quand ça t'arrange,
Tu as l'esprit calculateur,
Nous n'avons pas les mêmes valeurs
Et vois tu, ça me dérange.

Il faut aussi faire attention
Car tu simules des émotions
Quand tu ris ou bien quand tu pleures,
Nous n'avons pas les mêmes valeurs.

Et quand tu viens en tête à tête
Je sais bien que c'est un leurre,
T'as une idée derrière la tête,
Nous n'avons pas les mêmes valeurs.

T'as une pierre à la place du cœur,
Les animaux, tu les détestes,
Nous n'avons pas les mêmes valeurs,
On doit te fuir comme la peste.

Nous n'avons pas les mêmes valeurs,
Je parle aux gens, tu parles argent
Mais nul n'achète les sentiments
Pour une femme, pour une sœur.

Alors passe ton chemin
Tu es sans foi ni loi
Alors change de voie
De toi, je ne veux plus rien .

a Rose Rouge

Je l'ai connue, jeune homme
Sur les bancs du lycée ;
Mon Ami, tu sais comme
Aussitôt je l'aimai.

J'ai donc changé de place,
D'elle me rapprocher,
Tout au fond de la classe
Suis allé m'installer.

Puis vint l'été enfin
Où mon amour inquiet
Se vit récompensé
De la Rose de juin.

Nous avons fait ensemble
Les plus belles années,
Que d'y penser j'en tremble,
J'aurais pu me damner.

J'ai quitté cette ville
Pour l'université
Et loin de l'être aimé,
Comme on devient fragile !

Les études ont duré
Un peu trop sûrement
Et malgré les serments,
La Rose avait fané.

Pourtant mon cœur blessé
N'a jamais désarmé,
A cherché cette femme
Dans quelques illusions
Mais n'a trouvé la flamme
Rouge de la passion.

Dis-moi, Ami très cher
Que je la reverrai,
Que toutes mes prières
Vite, seront exaucées,
Qu'elle va refleurir
Cette Rose de juin ;
Je saurai la chérir,
Saurai en prendre soin.

Amour retrouvé

J'aime tes lèvres ardentes
Sous mes yeux embués
Et ta main si confiante
A la mienne enlacée.

C'est toi qui me nourris,
Eloignes la douleur
Et quand tu me souris,
Je sens gonfler mon cœur.

J'ai su tout du bonheur
Quand je t'ai rencontrée.
Il est dans des contrées
Si rares au voyageur,
Dans tes beaux yeux brillants,
Ton parfum enivrant.

Tu n'es pas un mirage
Que j'aurais vu en songe
Quand je vois ton image
Où mon amour se plonge.

Nul ne sait mieux que nous
Le prix du temps passé ;
Nul ne sait mieux que nous
Celui du temps d'aimer.

Oublions le fracas
Des cris et puis des pas.
Ainsi dans le silence,
Saisissons notre chance.

Profitons de l'instant,
Souvent l'attente est vaine,
Savourons à présent,
Le fruit de notre peine.

Ne perdons pas de temps,
Laissons là le tumulte,
Laissons tous ceux qui luttent ;
Viens donc dans le mitan
De mon cœur généreux
Et nous serons heureux.

*I*mplosion

Si tu savais, mon Ange,
Si tu savais combien je t'aime,
Si tu le savais, quand bien même,
Pas sûr que tu le croies, mon Ange.

Si tu savais, mon Ange,
Si tu savais combien je t'aime,
Si tu le savais tout de même
Pour que tout enfin change.

Après ceux que je disais autrefois,
Sais-tu les mots que je te dis tout bas,
Que je t'invente entre mes murs,
Sais-tu tous ceux que je murmure ?

Sais-tu ton nom que je crie si fort,
Sais-tu que je le crie dehors,
Sais-tu les noms que je parjure,
Ceux qui reçoivent mes injures.

Sais-tu que j'entends ta voix,
Sais-tu que je l'entends souvent,
Sais-tu que je sens tes doigts
Et que j'en crève vraiment.

Sais-tu que je guette tes pas,
Sais-tu que je sens ta présence
Dans la nuit et dans le silence
Tandis que tu es loin de moi.

Sais-tu que je sens ton parfum
Quand mes bras serrent mon traversin,
Que tu parais dans mes rêves,
Que tu es là quand je me lève.

Sais-tu que je pleure parfois
Parce que moi, je ne sais pas
Où tu te trouves, comment tu vas,
Si un jour tu me reviendras.

Sais-tu la force de mon amour,
Qu'il se nourrit jour après jour,
Qu'il vit et qu'il se renouvelle
Qu'il est à jamais immortel.

Sais-tu combien je t'implore,
Que je ne sais comment te dire
Que sur terre, il n'y a rien de pire
Que cet amour qui me dévore.

Sais-tu ce que, sans Toi, j'endure,
Tout le poids de mon désespoir,
Ce qui me peine et me torture,
Non, tu ne pourrais le croire.

Corps et Ames

La chaleur de ton corps enveloppe le mien,
Une onde incandescente diffuse sur le chemin
La promesse éternelle de lendemains sans peine,
La douceur de ta peau et mon âme est sereine.

Savourer cet instant avec Toi pour compagne
Par les bois, par les champs, les villes et les
montagnes,
Peu importent les lieux, peu importe le temps,
Nous sommes dans les cieux et nos corps sont
ardents.

Ne lâche pas ma main, ne lâche pas mon cœur,
Nous traçons notre route et comme deux enfants,
Nous n'avons pas de doute, pour nous c'est le
printemps,
Nous allons vers demain et nous n'avons pas peur.

Franchissons les barrières, unissons nos efforts,
Traversons les rivières pour être encore plus forts
Et si, dans le lointain, au soir les forces manquent,
Nous serons, l'un pour l'autre, tout aussi
magnétiques.

Sans Toi, c'est le désert, sans Toi, c'est le chaos,
Je ne vois que mirages, je ne vois qu'illusions,
Rien devant, rien derrière et mon cœur est K.O.
Il n'y a plus d'espoir s'il n'y a plus de passion.

Sans Toi, je ne suis rien, je ne suis pas grand-chose,
Je n'ai pas de matière, pas de métamorphose,
Je n'ai plus de courant, sans Toi, je suis sans vie,
Plus aucun mouvement, plus aucune énergie.

Tu m'as ouvert les yeux, tu as changé mes verres,
J'ai appris par les tiens, je vois bien mieux la terre.
Toi seule, mon tendre Amour, tu détiens le pouvoir
De me donner l'espoir, me plonger dans le noir.

Tu peux toucher mon cœur plus sûrement qu'un
sniper
Et quand elle est malade, tu peux soigner mon âme.
Tu apposes tes mains et rallumes sa flamme
Ou tu peux la noyer dans l'océan des pleurs.

*A*bandon

Plus rien ne me vient d'elle,
Pas le moindre courriel,
Le plus petit texto,
Pas même un petit mot.

Je ne reçois plus de missives,
Aucun appel ne m'arrive,
Je me demande parfois
Si j'existe encore pour Toi.

Jaloux, je le suis de tout,
De tes amis et de tes proches,
De tous ceux qui t'approchent
Et ces pensées me rendent fou.

Sans Toi, il n'est pas si facile
De se lever chaque matin
Pour aller travailler en ville,
Le cœur aussi lourd de chagrin.

Mon cœur est à la dérive
Quand de nouvelles tu me prives.
Je me demande parfois
Si je compte encore pour Toi.

Rien dans la boite aux lettres,
Pas celle que je voudrais,
Il me manque un seul être
Et je suis effondré.

Rien sur les répondeurs,
Plus rien depuis des heures,
Je me demande parfois
Ce que je suis vraiment pour Toi.

Je sais seulement le vide,
La panique et le stress,
Ce manque, cette détresse
Et les jours insipides.

Ai-je démérité ?
Je n'ai fait que t'aimer.
Je me demande parfois
Si tu me reviendras.

J'ai déplacé le curseur
Sur l'échelle de la douleur,
J'ai dépassé mes limites
Et mon âme se délite.

Quand la douleur est telle,
On se demande toujours :
Cette souffrance est-elle
La rançon de l'amour ?

Dis-moi que je n'ai pas tort,
Malgré toutes ces tortures
Et tout ce que j'endure,
De t'aimer encore, de t'aimer si fort.

Incompatibilité de labeur

Je vous dis, je n'peux pas travailler,
J'n'arrive pas à me réveiller
Je n'peux pas retrousser mes manches
Pas question d'travailler un dimanche.
Aujourd'hui, je n'vais pas à la mine,
Je dois prendre mes vitamines ;
Je n'crois pas que j'irai demain
Parce que ça me salit trop les mains.
Pas possible de bosser au soleil
Sinon j'ai vraiment trop sommeil ;
Je n'peux pas servir dans un magasin
A cause d'un poil que j'ai dans la main.
Comment faire pour aller au bureau
Quand on a tout le temps mal au dos ;
Travailler, alors là je suis contre
Tant que je n'aurai pas retrouvé ma montre.
Ce matin, je n'suis pas disposé,
Après la sieste, faut se reposer.
Aller bosser, alors là, dis donc,
J'risquerais de me casser le tronc.
Si tu veux, vas y donc à ma place
Pendant que je finirai ma glace ;
Dans la vie, il faut bien prendre soin
De n'pas prendre le boulot des copains.

Caresses

Je veux te rendre hommage,
Te dire tout mon amour,
Compagnon de voyage
Des bons et mauvais jours.

Tout au long du parcours,
Surveillant mes arrières,
Redoutable Cerbère,
Tu guettes alentour.

Tu me suis comme une ombre,
De jour, dans la pénombre ;
Ce n'est pas la gamelle
Qui te rend si fidèle.

Si je te tiens en laisse,
C'est que pour toi je crains
Qu'il t'arrive un pépin,
Qu'un jour tu ne me laisses.

Tu connais mon humeur
Et tu connais mes heures.
En toutes occasions
Tu gardes la maison.

Bien plus qu'un animal
Tu es mon guérisseur ;
Lorsque parfois j'ai mal,
Tu calmes ma douleur.

Quand tu guides mes pas
A travers la cité,
C'est que je ne vois pas,
Frappé de cécité.

Tu n'es pas cabotin,
Jamais tu ne te plains,
Ne réclame un florin,
Pas même un fifrelin.

Que tu sois chien ou chienne,
Tu es comme un ami,
Prêt à donner ta vie
S'il faut sauver la mienne.

Je ne suis pas ton maître,
Il me faut bien l'admettre
Car j'ai besoin de toi,
Ton souffle sous mon toit.

Et quand, vers l'infini,
Un soir tu vagabondes,
Je me sens démuni
Et mon regard s'inonde.

Appel au vent

Dis-moi le vent malin
Qui caresse sa main,
Dis-moi le Séraphin
Qui joue avec ma faim.

Dis-moi le vent puissant
Qui réchauffe son sang,
Qui sèche ses prunelles
Et la retient, ma belle.

Dis-moi le vent léger
Qui soulève ses pieds,
Est-elle dans les prés ?
Est-elle tout près ?

Dis-moi le vent chanceux
Qui couve ses cheveux,
Mais dis-moi le Zéphir
Qui calme ses soupirs.

Dis-moi le vent joyeux
Qui glisse sur ses yeux,
Oui le vent malicieux
Le vent voluptueux.

Dis-moi le vent qui tente
De t'éloigner de moi,
Prolonge mon attente,
Attise mon émoi.

Dis-moi le vent mutin
Qui soulève sa robe,
Pourquoi elle se dérobe,
Se tient loin de mes mains.

Dis-moi le vent d'autan,
Toi qui es si charmant,
Toi si doux, Toi si chaud,
Dans combien de printemps
J'embrasserai sa peau,
Elle en fera tout autant.

Dis-moi le vent sifflant
Dans les bois, dans les plaines,
Quand je verrai devant
Moi celle que j'aime.

Bouteille à l'amour

Quand le voile sera levé
Sur ma pauvre vie de papier,
Quand sera fini le temps,
Que seront finis mes tourments.

Quand l'orage aura passé,
Que je ne verrai plus d'éclair
Au travers de mes volets
Quand j'y verrai beaucoup plus clair.

Quand la peur m'aura quitté,
Quand l'aura remplacé l'espoir,
Que je n'aurai plus à broyer du noir,
Que je serai apaisé.

Quand sera couchée la nuit,
Qu'elle fera place au matin,
Que le cauchemar prendra fin
Et que renaîtra la vie.

Quand sera formé le nid
Dans notre beau jardin d'été,
Qu'il n'y aura plus ni trace ni
Aucun vestige de mon passé.

Quand aura fui le silence,
Quand j'aurai ouvert les yeux,
Que je sentirai ta présence,
Que s'ouvrira un monde à deux.

Quand j'arrêterai de penser
A toi comme à une idée,
Que je cesserai de crier,
Quand je cesserai de pleurer....

Quand seras-tu à mes côtés ?

36 ème dessous de solitude
Nord

Le fil de ma vie se dévide.
La solitude ne me pèse pas
Mais je ne peux combler le vide
Lorsque je n'entends plus tes pas.

L'ennui de Toi qui me chagrine,
Le temps passant qui m'assassine,
Mon âme semble anesthésiée
Et mon corps parait momifié.

J'ai été vraiment trop stupide,
Je n'ai pas su garder confiance,
Je n'ai pas eu assez de chance,
L'histoire de ma vie fait un bide.

Plongée dans la mélancolie,
Mon existence est abolie
Et quelles que soient les circonstances,
Elle ne prend pas de consistance.

Je vais, je viens, je ris,
Je veux donner le change,
J'amuse la galerie,
Pourtant rien ne s'arrange.

Quand j'écris une histoire,
Ce n'est là qu'un prétexte
Car j'écris blanc sur noir
Mon amour dans le texte.

Si sur mon écritoire
Je dépose des mots,
Ce n'est pas par hasard,
Mais cacher d'autres maux.

Si je noircis des pages,
C'est en pensant à Toi,
Que cet heureux présage
Te conduise vers moi.

Il faut bien que la douleur cesse,
Que le malheur m'abandonne,
Que le cafard disparaisse,
Qu'un peu de fortune on me donne.

Que l'on change la conjoncture,
Qu'on fasse tourner mon manège
Au son des accords, des arpèges,
Que l'on referme la déchirure.

Viens donc ici remplir ma vie,
Vivons d'amour et de bon vin
Et buvons les jusqu'à la lie
Tous les jours et jusqu'aux confins.

Viens vite réveiller ma conscience,
J'ai besoin d'être ranimé,
Viens ressusciter tous mes sens,
J'ai tellement besoin de t'aimer.

Photographie

J'ai ton visage au fond des yeux
Et je lis dans tes pupilles.
J'y vois ton âme qui brille
Et j'y vois de mieux en mieux.

J'ai ton visage au fond des yeux
Et, comme image, il n'y a pas mieux.
J'ai ton visage, mon Amour
Et j'y vois comme en plein jour.

J'ai ton visage, petite fille
Qui irradie et qui pétille
Dans chaque pièce de la maison,
C'est là mon unique horizon.

J'ai ton visage devant moi,
Chaque jour, chaque nuit qui passe.
Je n'ai rien de plus beau, crois moi,
Pas un instant, je ne m'en lasse.

Je vois ce portrait si fidèle,
Que je sois seul ou dans la foule,
Que je sois sobre, que je sois saoul,
Même si je ne suis pas près d'elle.
J'ai ton visage, mon Trésor,

J'ai ton image que j'adore,
Il est l'objet de mon désir,
Ce n'est pourtant qu'un souvenir.

Je vois ce cliché défiler
Sans jamais se défiler.
Sera-t-il un jour habité ?
Deviendra-t-il réalité ?

Aveu

En version ou en thème,
Je viens dire que je t'aime.
Ce n'est pas très nouveau,
Pas très original.
Ce n'est pas du Rimbaud,
Pas non plus du Stendhal.
Je ne sais mettre en scène
Comme le fit La Fontaine.

Ce n'est pas Aragon
Qui me donne des leçons,
Ce n'est pas chez Prévert
Que j'ai pris quelques vers.
Ce n'est pas du Verlaine
Mais je t'ai dans les veines,
Pas du Victor Hugo
Mais je t'ai dans la peau.

De Monsieur Lamartine
Je n'ai pas le talent ;
Du grand Chateaubriand,
N'ai pas non plus le spleen,
N'ai pas l'art de Brassens
Pour te dire que j'en pince,
Je n'ai pas d'Aznavour
Don de parler d'amour.

Je ne suis pas Corneille
Qui n'a pas son pareil,
Pas comme Jean Racine,
Ma prose est anodine.
Pour livrer mes pensées
Je ne suis pas Musset ,
N'ai pas le don qu'hier
Avait ce cher Molière.

Je veux cueillir la Rose
Que Ronsard a plantée ;
Ces mots que je dispose
N'auront pas d'autre cause.
Que ne suis-je Mallarmé
Pour m'adresser à Toi,
Pour ne pas t'alarmer
Par l'amour qui t'échoit.

Pourtant, je suis sincère
Quand j'écris mon poème
Pour te dire que je t'aime,
Autant que Baudelaire.
Avec Toi, je suis prêt.
Pour sortir du brouillard,
Au contraire d'Eluard,
Je rends ma liberté.

J'en ai pris mon parti

Mon avenir pose un problème,
Je ne sais pas ce que j'aime .
Ce qui n'arrange pas mes affaires,
C'est que je n'ai envie de rien faire.

A un moment, ça me tracasse,
Il faudra retrousser mes manches ;
S'en sera fini des dimanches,
Il faudra bien quitter la classe.

Va falloir te casser la tête,
Voilà ce que l'on me répète ;
Je voudrais les voir à ma place,
De tout, très vite, je me lasse.

D'entendre parler des trois huit,
Me donne envie de prendre la fuite ;
Je crois que pour saisir la pioche,
Il faut enlever les mains des poches.

Il y a le métro, le boulot
Qui obligent à se lever tôt
Mais en plus, il y a les impôts,
C'est un sacré manque de pot.

Comment échapper au chômage,
Comment trouver un p'tit boulot,
Tout à côté, dans les parages,
A l'usine ou dans un bureau ?

J'ai consulté mon entourage
Pour faire un peu de bricolage
Mais quand on arrive à mon âge,
Faut éviter le surmenage.

À quarante ans, ça c'est certain,
Y'en a déjà qui travaillent ;
Moi, j'ai un poil dans la main,
Il n'y a vraiment rien qui m'aille.

Pour moi, la seule vocation,
C'était de vivre de mes rentes
Mais pas le moindre picaillon,
Je suis sur la mauvaise pente.

Heureusement, j'ai l'esprit pratique
Et ma morale est élastique ;
J'ai donc pu faire mon diagnostic,
Il me reste la politique.

*M*anipulation

Mais qu'a-t-on fait de Toi, mon petit ?
Qu'es tu devenu aujourd'hui ?
Je ne te reconnais plus,
Qu'est-ce donc qui te pollue ?

Comment as-tu pu oublier, mon gars
Que j'ai guidé tes pas,
Que durant tes nuits de cauchemar,
Je te prenais dans les bras,
Je te berçais dans le noir
Et je séchais tes larmes ?
Pourquoi alors prendre les armes,
Pourquoi renier ton papa ?

Mais qu'a-t-on fait de toi, mon enfant ?
Pour moi, c'est si tourmentant.
Comment pouvais- je imaginer,
Que tu pourrais être dupé ?
Quand je bâtissais ta maison
Ou qu'on jouait à l'unisson,
Que je consolais tes chagrins,
Que tu recevrais ce venin,
Ces mots qui frappent tes tympans,
Ces mots qu'on a mis dans ta bouche,
Pour que ton père ils touchent,
Ces mots qui maltraitent ton cœur ?
Ils agissent à tes dépens
Et amputent ton bonheur.

Mais qu'a-t-on fait de toi, bonhomme ?
Qu'a-t-on fait de toi, mon môme ?
Comment pouvais-je supposer,
Quand je t'apprenais à nager
Ou bien à faire du vélo,
Quand je soignais tes bobos,
Que tu me tournerais le dos,
Qu'un jour tu allais m'oublier ?

Mais qu'a-t-on fait de toi, mon garçon ?
Comment pouvais-je me douter,
Tandis qu'avec toi dans le salon
Je revoyais tes leçons
Que bientôt tu allais m'écarter,
Que, de moi, tu allais t'éloigner ?
Comment pouvais-je alors penser,
Quand je bordais ton lit,
Quand je me levais, la nuit,
Que tu pourrais me rejeter,
Que tu rentrerais en conflit ?

Mais qu'a-t-on fait de toi, mon fils,
Pourquoi es-tu devenu complice ?
On t'a obligé à prendre parti
Et depuis que je suis parti,
On m'a donné tous les torts
Et bien plus encore.
On t'a formaté, on t'a trompé,
On t'a vidé de ta mémoire,
On t'a privé de ton histoire
Toi qui n'étais alors qu'un bambin,

On a profité de ton âge,
On t'a manipulé,
On a fait de toi un pantin,
On t'a pris en otage.

Pour une mère mystificatrice,
Est-ce là preuve d'amour
De n'avoir comme recours
Que de blesser ainsi son fils
En en faisant le sacrifice
Par un discours manichéen
Pour que son père il maudisse
Afin de servir ses desseins ?

Comment nos éminents juristes,
Loin de toute parité,
Peuvent-ils appliquer
Une justice féministe,
Se laisser ainsi abuser ?
Pourquoi faut-il qu'un papa,
Pour faire entendre sa voix,
Doive descendre dans la rue
Ou monter en haut d'une grue ?

Et puis, malgré nos différends,
Ne sommes- nous assez intelligents
Pour protéger nos enfants
Des climats délétères ?
Ne savons-nous pas, qu'en perdant un père,
Un enfant perd aussi ses repères ?

Mais qu'a-t-on fait de toi, mon grand ?
Aujourd'hui je ne peux le croire,
Je veux encore garder l'espoir.
Cela va prendre du temps
Pour que cette propagande
Un jour tu réprimandes.
Je saurai m'armer de patience.
En toi je veux garder confiance.

Démon de l'ennui

J'ai pris par les sentiers
Et puis pour tout bagage
J'ai pris un vieux cahier
Et j'ai tourné la page.

J'ai pris soin d'éviter
Prudemment les orages
Et puis de regarder
Les larmes sur ton visage.

Je m'en vais, résolu
Pour un nouveau voyage
Et je ne verrai plus
Jamais tes paysages.

Toi, tu avais tout fait
Pour me tenir en cage ;
Tu avais oublié
Que l'amour n'est pas sage.

Tu voulais me garder
Prisonnier, en otage
Mais c'était sans compter
Que l'amour n'a pas d'âge.

Dans ton élément

J'aimerais être soleil
Pour réchauffer ta peau ;
J'aimerais être sommeil
Pour reposer ton dos.

J'aimerais être le vent
Pour parcourir ton corps
Et je voudrais encore
Le caresser souvent.

J'aimerais être un enfant,
Me blottir dans tes bras ;
J'aimerais être plus grand,
Provoquer ton émoi.

J'aimerais être le ciel
Pour te parer de bleu
Et voir cette étincelle
Qui brille dans tes yeux.

J'aimerais être un parfum,
J'aimerais être sucré,
J'aimerais être le vin
Qui fait chanter l'été.

J'aimerais être Shiva,
Que tu sois dans mes bras
Et puis goûter sans trêve
Au parfum de tes lèvres.

J'aimerais être la pluie,
Pouvoir être celui
Qui abreuve ta bouche
Pour qu'elle reste aussi douce.

J'aimerais être le temps
Pour te garder ainsi ;
J'aimerais être un instant,
Ce serait celui-ci.

J'aimerais être une étoile
Illuminer tes rêves ;
Je voudrais plus encore,
J'aimerais être l'aurore.

J'aimerais être le sang
Qui coule dans tes veines
Et pénétrer ton cœur
Pour que ta joie soit pleine.

Sans modération

Je bois à la santé de nos joies diluviennes,
A nos éclats de rire, aux larmes qui en proviennent.
A ces larmes d'amour qui lavent nos chagrins,
Etanchons notre soif aujourd'hui et demain.

Je bois à ce sourire qui orne ton visage.
Je bois à la santé d'un bonheur sans ombrage,
A tes bras qui se tendent, à ta voix qui m'enchante,
A tes lèvres sucrées, aux lendemains qui chantent.

Je bois à ces délices que tu m'as révélés,
Je bois à ce calice que l'on a bu ensemble,
A cette complicité qui toujours nous assemble,
A cette vie rêvée qui s'est réalisée.

A ce temps suspendu, je bois jusqu'à la lie,
A cette éternité, je bois jusqu'à l'oubli,
A nos jeunes années, à celles qui suivirent
Qui n'ont jamais fané, qui n'ont pu se flétrir.

Je bois à nos folies, à nos âmes d'enfant,
Gageons qu'elles seront là dans le jour finissant.
Je bois à cet honneur de t'avoir rencontrée,
Je bois à ce bonheur que l'on se soit aimés.

Je bois à l'au-delà qui nous retrouvera ;
Tendrement enlacés, nous resterons unis
Dans notre Nirvana, dans notre Paradis,
A la vie, à l'amour, à tout cela, je bois.

Trou noir

Lorsque la vie a fait maldonne
Et que l'amour nous abandonne,
Quand on n'a plus de raison
De voir se lever l'horizon,

Comment apaiser la douleur
Et prolonger de quelques heures
Une vie qui vire au cauchemar,
Cette vie dont on a marre ?

Comment ne pas sauter du train,
Comment ne pas perdre patience,
A-t-elle des réponses, la science,
En aura-t-elle un jour prochain ?

Pourquoi prolonger le supplice
Tandis que fait défaut l'espoir,
S'efforcer de rester en lice
Quand on est si près du trou noir ?

Combien de temps faut-il,
Combien de jours en somme,
Combien de projectiles
Pour que s'abatte un homme ?

Combien de mois, combien d'années
Pour que son âme soit damnée,
Pour qu'elle quitte cette terre
Afin de rejoindre l'enfer ?

Combien de temps peut-il tenir
Sans vouloir éteindre la lampe
Et comment peut-il s'abstenir
De mettre un canon sur sa tempe ?

Combien de temps, dites le moi
Car je vous pose la question,
Connaissez-vous la solution,
Quant à moi, je ne le sais pas.

Faveur

Laisse-moi sur ton front
Eviter la sueur,
Donne-moi ton labeur,
Laisse-moi y faire front.

Laisse-moi porter tes charges,
Endosser ton fardeau
Sans trêve ni repos,
Pour Toi, j'ai le dos large.

Laisse ton Valentin
Au jour, en clandestin,
Reboucher les ornières,
Faire tomber les barrières.

Laisse-moi gagner ton pain,
Préparer tes festins,
T'apporter tes breuvages,
Tomber en esclavage.

En bon Samaritain,
Laisse-moi effacer
Les rides sur tes mains,
Qu'elles n'aient qu'à caresser.

Laisse-moi te serrer
Contre moi jusqu'au soir,
Laisse-moi te garder
Encore dans le noir.

Laisse-moi contempler
Chaque instant ton visage,
Visiter ton corsage,
Laisse-moi te combler.

Laisse-moi parcourir
Les courbes de ton corps,
T'aimer jusqu'à l'aurore,
Laisse-moi défaillir.

Laisse-moi sans tarder
Etre ton Roméo,
Braver tous les dangers,
Etre aussi ton héros.

Laisse-moi mon Amour
Endosser tes misères,
T'épargner les galères,
Tout ce que tu encours.

S'il te plaît, laisse-moi
Remplir ton cœur de joie,
Te redonner l'envie,
Te rendre l'appétit.

Je t'en prie, laisse-moi,
Aujourd'hui, à jamais,
Laisse-moi seulement t'aimer
Mais ne me laisse pas.

L'Amour majuscule

Ce soir, je tourne les pages
Du livre de notre amour.
J'y vois de très belles images
Dessinées jour après jour.

Pas une seule ombre au tableau,
Pas de tache ni de nuage ;
Dans nos cœurs, il fait toujours beau
A Paris ou sur une plage.

Je n'y vois pas davantage
De tempête ou d'orage
Durant toutes ces années
Passées à tes côtés.

Tu m'as donné le bâton
Pour faire battre mon cœur ;
J'ai reçu comme une leçon,
Une promesse de bonheur.

Moi, j'ai fait de mon mieux
Pour nourrir notre idylle
Mais c'était si facile
A regarder tes yeux.

Tu m'as donné beaucoup,
J'en ai fait tout autant,
Les bons comptes, après tout,
Font les meilleurs amants.

Alors si vous venez
Un jour dans nos parages,
Qui que vous soyez,
Amis, gens de passage,

Vous verrez de vos yeux
Comme on peut vivre à deux
L'amour en CDI,
L'amour à l'infini.

La valse Déclaration

Voilà des mois et des années
Qu'on vit ensemble à Paris.
Fallait qu'un jour je la marie
Je sais, ça me pendait au nez.
Comment faut il que je demande ?
Comment faut il que je m'y prenne ?
Il faut pourtant que je m'y rende
A cette évidence qui commande.

Lui dire simplement que je l'aime,
Là justement est le problème
Lui dire comme ça, ça je n'peux pas
A brûle pourpoint, ça je n'peux point
Demander combien, ça c'est pas bien
Lui dire direct, c'est pas correct
Dans le métro, mais ça c'est trop
Ou sur un pont, ça c'est pas bon
Je pourrais lui poser un lapin, ce s'rait crétin
Dans une cave mais ça c'est grave
Lui glisser un mot sous la table, ça c'est minable
La promener à Tataouin, mais ça c'est loin
Lui construire un beau palais, ça c'est mauvais
Lui dire en haut de la tour Eiffel, ça c'est cruel
Et si je demande à mes parents, ça c'est marrant

Si je lui parle de sentiment, ça c'est du vent
Lui dire que ça serait le pied, ce s'rait vraiment trop
cavalier
En lui offrant une jolie rose, c'est pas grand-chose
A la façon des comédiens, ça c'est moyen
Remettre toujours au lendemain, ça c'est pas fin
Ou bien lui parler au boulot, c'est pas nouveau
Faire appel à un technicien, ça ne vaut rien
A Venise sur le grand canal, ça ne s'rait pas original
Ou bien l'inviter à manger, ce s'rait gâcher
Chez Maxim's je l'inviterais bien mais ça c'est au
dessus de mes moyens
Peut être aussi le lui écrire, mais ça c'est l'pire
Dans le noir au cinéma, ça n'se fait pas
Sur la toile, c'est pas très net
A l'opéra, elle n'entendrait pas
Alors en lui faisant un enfant, c'est fatigant
Par mes copains, c'est pas malin
A genoux, mais ça c'est fou
Dans la chambre à coucher mais ça n'fait pas très
éveillé
Sans complexe, c'est Oedipien
Devant les enfants, ce s'rait gênant
L'appeler soudain « mon amour », mais ça c'est
lourd
C'est cornélien, peut être bien…

Sur la route de la vie

Dans ma petite automobile,
Moi, je ne me fais pas de bile ;
Au volant de ma pétrolette,
Je ne me casse pas la tête.
Je regarde très loin devant,
Je serre très fort le volant,
Je veux vite arriver
Et me moque bien des bouchons ;
J'appuie sur le champignon,
De vivre, je suis trop pressé.
Je suis le roi de la planète
Même si je suis en salopette
Mais je ne suis que débutant,
Je balbutie, suis insouciant.

Avec ma nouvelle torpédo
Chaque jour je vais au boulot.
J'ai mon fauteuil et mon bureau,
Un appartement confortable ;
J'ai mes copains et mon métier,
Mon avenir est assuré,
Je me sens presque invulnérable.
La voiture, c'est mon seul crédo
J'ai misé sur les apparences,
Je croque la vie dans tous les sens.

Je suis encore célibataire,
Le reste, je n'en ai rien à faire.
La réussite est au bout de mes doigts
Et je suis tellement sûr de moi.

Installé dans mon monospace
Je règle mon rétroviseur ;
Les enfants sont bien à leur place,
Une certaine idée du bonheur,
Une sérénité apparente
Car je me pose des questions
En marge d'une vie trépidante
Sur ma vie, ma situation.
Ai-je fait les bons placements ?
Qu'en est-il de mes sentiments ?
Si j'ai bien quelques projets,
Enlisé dans mes habitudes
Je n'ai plus de certitudes,
Ma vie, parfois, semble à l'arrêt.

A bord de mon Range Rover
La route est devenue routine ;
J'essaie de vivre à cent à l'heure
A grand renfort de caféine.
Fort de mon expérience,
J'avale les kilomètres,
Je n'ai ni Dieu ni Maître,
Je retombe en adolescence.

Je fais ronfler mon moteur
Et prends des airs de baroudeur.
Je suis content de mon parcours,
Je connais si bien ma route
Et je n'ai plus aucun doute
Même si, en route, j'ai oublié l'Amour.

Na !

Pourquoi n'est pas comment
Au Pays des enfants.
Demain c'est tout de suite,
Il n'y a pas de fuite.

Au Pays des enfants,
Il n'y a qu'un seul temps,
Pour eux, c'est maintenant,
Chez eux, c'est le présent.

On court dans le jardin
Sans penser au passé,
On joue à chat perché
Sans penser à demain.

Au Pays des enfants,
On ne sait les comment,
Ne sait que les pourquoi,
La vie brule les doigts.

Il n'y a sur cette terre
Que des Princes, des Princesses,
Des sorciers, des mystères,
Des vœux et des promesses.

On joue à s'amuser,
On pleure tout comme on rit,
On peut se reposer
Et la vie nous sourit.

Quand on idéalise,
Les rêves se réalisent.
Pour nos chères têtes blondes,
Il n'y a pas d'autre monde.

On voudrait être grand
Pour jouer tout le temps,
On se dit qu'à vingt ans
Ce sera mieux qu'avant,

Que c'est le plus important
Mais que c'est dans longtemps
Et puis aussi l'on croit
Qu'on aura d'autres lois.

A bien y réfléchir,
On ne se rend pas compte,
La vie n'est pas un conte,
On ne peut pressentir

Que pendant ces années
L'avenir va se jouer
Et que, pour réussir
Il va falloir lutter.

Nostalgie

J'ai savouré comme dans mes rêves
Des moments des plus délicieux,
Ce qui s'est fait, je crois, de mieux
Depuis la vie d'Adam et Eve.

J'ai des souvenirs par milliers,
Des souvenirs si familiers
Que je conserve au fond de moi
Depuis des années et des mois.

Je connais notamment par cœur
Ces clichés pris en blanc et noir
Bien à l'abri dans mes tiroirs
Qui me mettent du baume au cœur.

Il suffisait de peu de choses
Pour que de joie mon cœur explose
Et s'il le fit autant de fois,
C'est bien à Toi que je le dois.

Si j'ai laissé passer le temps,
Je n'ai pas oublié pourtant.
Rien ne remplacera jamais
Ce beau visage que j'aimais.

S'il m'est arrivé de crâner
Pour tenter de les oublier,
C'étaient mes plus belles années
Mais je me suis fourvoyé.

De ce temps, je suis nostalgique.
Pour que la joie renaisse un jour
Et pour faire le compte à rebours,
J'ai besoin d'une baguette magique.

Je donnerais n'importe quoi,
Mon royaume si j'en avais un
Pour te serrer tout contre moi
Et pour changer notre destin.

Osmose

Je ne suis pas savant,
Pas très intelligent,
Je n'ai pas fait d'études,
N'ai aucune aptitude

Mais je sais, les yeux clos
Comment lire sur ta peau
Et je sais mieux encore
Comment bercer ton corps.

Je ne suis pas calé,
Je ne suis pas malin,
De tous les examens,
J'ai été recalé

Mais je sais, dans tes yeux
Voir les joies, les chagrins
Et je sais encore mieux
Ce dont tu as besoin.

Je ne suis pas devin,
Ne lis pas dans les mains,
Pourtant de tes pensées,
Je peux tout deviner.

Je sens monter ta fièvre,
Je ressens tes douleurs
Et je connais par cœur
Le chemin de tes rêves.

Je n'ai pas de lauriers,
Ne cherche pas les honneurs
Mais je suis familier
Du jardin de ton cœur.

Pas besoin de génie
Pour vivre en Paradis,
Seulement il suffit
De partager ta vie.

Choix de Vivre

Mon moral me joue des tours
Quand mon amour fait des détours.
A quoi sert d'attendre à demain
Lorsque demain est incertain ?

Pourquoi pousser toujours plus loin
En espérant que ce soit mieux
Au risque de devenir vieux,
Le mieux est l'ennemi du bien.

Alors attends,
Mais n'attends pas trop longtemps,
Tu connais déjà ton Prince charmant.
J'ai tant de choses à te montrer,
Tant de choses à te donner.

Ne laisse pas passer les saisons,
Ne laisse pas venir l'automne,
N'attends pas que l'orage tonne,
Viens découvrir d'autres frissons.

Ne me laisse pas en chemin
Mais viens prendre ma main.
Vite, prends ta décision,
C'est ton cœur qui a raison.

Je pense à ce que dit Musset
Pour autant que je m'en souvienne
C'est ce que je ressens, tu sais,
Je marche mieux, ta main dans la mienne.

Ma Mie, prends garde aux leurres,
Méfie-toi des miroirs,
Ils sont souvent trompeurs,
Il te suffit d'y croire.

Aucun devoir, aucun cordon
Quand c'est l'âme qui dirige
Et fi du qu'en dira-t-on
Quand c'est l'Amour qui oblige.

Première classe

Toi que j'ai connue la première,
Que j'ai cherchée ma vie entière,
A trop me fier à mon destin,
J'ai fini par manquer notre train.

J'étais sûr de te rencontrer,
Au détour d'un chemin, d'une forêt,
Simplement, sur le sable, un été
Ou bien à la terrasse d'un café.

Nous n'avions rien, nous étions deux,
Nous avions tout pour être heureux
Et nous vivions au jour le jour
D'un peu d'eau fraîche et de beaucoup d'amour.

Peu importait la météo,
Qu'il pleuve ou bien qu'il fasse beau,
Notre amour était prodigieux
Et les jours étaient fabuleux.

Lentement, le temps a passé
Sur les mois et sur les années,
Sur les saisons, sur les étés,
Le bonheur nous a oubliés.

Nos yeux sont délavés,
Nos traits sont fatigués
Mais cet amour insensé,
Notre amour, n'a pas changé.

Sortons du quotidien,
Mettons-nous en chemin,
Changeons notre destin,
Reprenons notre Amour en mains.

Mon Amour, n'aie pas peur,
N'aie pas peur du bonheur,
N'attendons pas plus tard,
Allons sur ce quai de gare.

Prenons enfin ce train
Que jadis, j'ai si souvent maudit,
Fuyons vers notre Paradis
Et aimons-nous sans fin.

Bon pied, bon œil

Ecoutez cette histoire,
Même s'il est déjà tard,
Un conte merveilleux
   A faire des envieux.

D'une jolie demoiselle,
D'un garçon délicieux.
Elle, était tellement belle
Qu'il en perdit les yeux.

Quand elle vit son visage
   S'éclairer tout à coup,
   Elle ne put davantage
   En demeurer debout.

S'il ne put au matin
La caresser des yeux,
Il lui restait ses mains,
C'était peut être mieux.

A partir de ce jour,
Malgré son infortune,
Elle n'eut pas de rancune
Car elle trouva l'amour.

On vit ensemble promener
Par les bois et puis la campagne,
Lui et sa douce compagne
Unis par leur infirmité.

Elle, montrait le chemin,
De sa voix, de son œil.
En lui tenant la main,
Lui, poussait son fauteuil.

Vous le rencontrerez,
Parcourant la contrée,
Ce curieux équipage
Qui fait si bon ménage.

Si l'amour rend aveugle
Le beau jeune homme qu'il comble,
Il est aussi magique
Pour une paraplégique.

De Source Sûre

C'est une goutte d'eau,
Dans un petit nuage,
Qui glisse et tombe de haut
Comme le bon fromage
D'un certain corbeau
Au joli plumage.

Cette goutte d'eau
Coule sur la pente,
Dévale et serpente
En petit ruisseau.

Et puis vient le temps,
Avec la rosée,
De former torrent,
De bien arroser,
De prendre son temps.

La petite d'eau
Rencontre ses sœurs,
Se gonfle le cœur,
Forme une idée neuve,
Invente le fleuve.

Elle court à perdre haleine
Par les monts et les plaines
Et au bout de la terre
Se jette dans les bras ….de sa mer.

Que fait cette dernière
Une fois retrouvée ?
Elle verse la première
De ses larmes salées.

Starlette au haras

Avant, j'étais très ordinaire,
Il a fallu tout me refaire,
A commencer par le menton
Pour passer à la télévision.

On va changer ton nez, tes dents
Paraît que ça s'fait dans l'métier
Ca sera beaucoup mieux après,
C'est ce que me dit mon agent.

On va regonfler ta poitrine
Le corps, tu vois, c'est important
Elle sera mieux dans ma mimine
C'est ce qu'il m'avait dit avant.

Si tu veux faire du cinéma,
On va te changer le décor,
Va falloir s'occuper du bas
C'est ce que me dit mon sponsor.

Il y a pas mal de boulot
Il faut refaire la devanture
Puis retoucher la chevelure
C'est ce que dit l'impresario.

Avant, j'étais très ordinaire,
Je faisais moi-même mes chansons,
Chérie, tu gâches la profession,
C'est ce que dit mon manager.

Avant, j'étais très ordinaire,
Je n'avais pas de caractère,
Et pas de personnalité
Maintenant, c'est à vous de juger.

C'est sûr, pour avoir du talent,
Faut savoir faire des sacrifices ;
Il fallait bien que je les fisse
Pour faire plaisir à mon agent.

Surprise du chef

A en croire ton silence
Qui crève mes tympans,
Quand je vois ton absence
Qui s'éternise autant,

Malgré ce que j'espère
Et ce que j'ai pu faire,
Je vois le résultat,
Tu ne reviendras pas.

J'ai chanté sur les toits,
Contacté les medias
Pour qu'un jour tu me voies,
Tu entends ma voix.

Malgré tous mes efforts
Pour vanter mes transports,
J'ai besoin d'avocat
Qui te parle de moi.

Je ne dois pas m'attendre
A te voir arriver,
Je ne dois pas t'attendre
Mais ne peux m'empêcher.

Certains jours, sur mon sort,
Parfois je m'apitoie,
Pourtant j'ai du ressort,
Je poursuis le combat.

Malgré les apparences,
Si s'ouvrent mes chakras,
Avec un bon Karma,
J'aurai ma récompense.

Si j'ai un peu de chance,
Si j'ai la baraka,
De la persévérance,
Alors, tu reviendras.

Je sais au fond de moi
Que de ton propre choix,
Du moins dans l'immédiat,
Tu ne reviendras pas.

Mais j'irai te chercher,
Je trouverai l'endroit,
Je viendrai t'enlever,
Tu n'en reviendras pas.

État des lieux

Qu'est-ce qui manque à ta vie,
Qu'est-ce qu'il manque aujourd'hui ?
Tu as un bon boulot,
Ne prends pas le métro,
Ta vie ressemble assez
A un conte de fée.
Tu as quelques actions
Donc plusieurs relations,
La lumière tamisée,
Une piscine encastrée,
Tu as une belle villa
Mais tu ne vis pas là.
Tu reçois tes amis
Pour cacher ton ennui.

Qu'est-ce qui manque à ta vie,
Qu'est-ce qu'il manque aujourd'hui ?
Tu as un appartement
Acheté à tempérament,
Une cuisine intégrée,
Des robots ménagers.
Tu as une chaine HiFi
Qui fait beaucoup de bruit
Et puis en sentinelle,
Tu as un chien fidèle

Qui guette ton retour,
Jamais ne se rebelle,
Te donne tout son amour,
La vie te semble belle.

Qu'est-ce qui manque à ta vie,
Qu'est-ce qu'il manque aujourd'hui ?
T'es connecté en permanence,
A l'étranger, partout en France ;
En vacances, tu es sur le net
Et, il paraît, même aux toilettes.
Sur les réseaux sociaux,
On connaît ton pseudo
Mais est-ce que tu connais
Ton voisin de palier ?
Et tu parles en anglais
Au facteur, au boucher
Même si tu baragouines
Un jargon qui fascine ;
On fait ce que l'on peut
Quand on est prétentieux.

Qu'est-ce qui manque à ta vie,
Qu'est-ce qu'il manque aujourd'hui ?
Tu es un peu connu
Dans ta rue, ton quartier
Depuis que l'on t'a vu
Passer à la télé.

Il ne faut pas grand-chose
Pour sortir du peloton,
Sans être virtuose,
On peut se faire un nom ;
Tu vis en HLM
Mais tu roules en BM ;
Tu crois que le bonheur
C'est d'être détenteur.

Qu'est-ce qui manque à ma vie,
Qu'est-ce qu'il manque aujourd'hui ?
Pour moi, ça va, merci,
Je n'ai besoin de rien,
J'ai ce qu'il me suffit,
L'amour au quotidien.

Parfums d'enfance

Parfums d'insouciance,
Parfums de vacances,
Parfums d'innocence,
Parfums de mon enfance.

Je vous reconnais, mes parfums,
Vous ne m'avez jamais quitté,
Vous revenez d'un temps lointain,
De mes hivers, de mes étés.

Vous êtes chers à ma mémoire
Amis du temps de l'innocence,
Vous évoquez, sans le savoir
Des joies mais aussi des souffrances.

Je ne vous ai pas oubliés,
Ni les épices dans le cellier,
Ni les peintures dans l'atelier,
Ni la cire sur le plancher.

Vous remontez à la surface
A l'heure de la rentrée des classes,
Toi, l'odeur des nouveaux cahiers,
Toi, celle du cuir des souliers.

Vous me rappelez les saisons,
Celle où l'on grille les marrons,
Celle où l'on cueille les champignons,
Celle où l'on rentre le charbon.

Je t'ai rencontré bien des fois,
Le feu de l'âtre, le feu de bois,
Je me souviens de tes fragrances
Quand se consumaient tes essences.

Vous me transportez dans les heures
Où s'annonce un grand visiteur,
Où l'on faisait un grand festin
En famille autour d'un sapin.

Vous rappelez certains hivers
Où je la regardais sans fin,
Son beau visage dans mes mains,
Je m'en souviens, c'était hier.

Vous réveillez des souvenirs
Qu'il me plaît de redécouvrir,
Toute une époque, toute une ambiance,
Du poêle à mica, de l'encens.

Il me plaît de me rappeler
Les soirs de fête, les veillées,
Les crêpes, le chocolat au lait,
Les cèpes, les tartines grillées.

Vous reveniez au moi de mai,
Apportant un brin de muguet
Qui embaumait la maisonnée
De la fraîcheur de son bouquet.

Vous, les témoins de mon enfance,
Senteurs des brûleries de café,
De la levure de boulanger,
De la voiture, de mes vacances.

Vous vous mêlez à cette image
De cet été, sur une plage,
Allongé, les cheveux mouillés,
Serrant dans ma main ton poignet.

Vous répandez dans ma maison
Tout un parfum de nostalgie,
Vous procurez des émotions
Dans lesquelles je me réfugie.

S'il en est un qui revient fort,
C'est bien l'arôme de ton corps
Car il est si cher à mon cœur,
C'est le vrai parfum du bonheur.

Et chaque jour et chaque nuit,
Il s'insinue, il me nourrit,
Au point que vient l'eau à la bouche,
Que je sois debout, que je me couche.

Chant du Cygne

Aimer bien n'est pas aimer,
Elle coûte cher cette erreur,
Il ne faut pas s'y tromper,
On passe à côté du bonheur.

Aimer bien n'est pas aimer,
Je sais la différence,
J'en ai fait l'expérience,
Je peux te l'affirmer.

Aimer bien n'est pas aimer,
J'ai connu des souffrances,
Subi l'indifférence,
Je m'y suis consumé.

Après quelques années
On finit par s'y faire,
Accepter la misère
Et s'y abandonner.

Aimer bien n'est pas aimer,
Je sais de quoi je parle,
J'en ai versé des larmes,
J'ai dû prendre les armes.

Alors, si comme moi,
Si comme je le crois,
J'en ai le sentiment,
A toi-même tu te mens,

Si tu en as le courage,
Ouvre et sors de ta cage,
Même si elle est dorée,
Si elle est argentée

Car le bonheur t'attend
Depuis bien trop longtemps
Mais il n'a plus vingt ans,
N'a plus beaucoup de temps.

Pèse le Pour et le contre,
Réfléchis à deux fois
Et viens à ma rencontre,
Viens t-en vivre avec moi.

Ta vie n'est pas si rose,
Fais lui faire une pause,
Entends ce cri du cœur
Et surtout n'aie pas peur.

Oui, il est encore temps,
Tu peux changer d'avis,
Tu peux changer ta vie
Et la vivre en chantant.

Tout compte fait

J'ai reçu ce matin
Le dernier relevé
De mes amours passées
Et j'en suis tout chagrin.

J'ai fait l'amour sans provision,
Manqué à mes obligations ;
De t'aimer, je suis redevable,
Voilà ce qu'écrit mon comptable.

J'ai vécu ma vie à couvert,
Donné ma tendresse à crédit,
Aujourd'hui suis à découvert
Et suis tombé en discrédit.

Meurtri par la séparation,
J'avais pris pour argent comptant
Ce qui n'était qu'une illusion ;
Il me reste à payer comptant.

De notre amour, le bateau ivre,
Mon existence à la dérive,
Détourné de tous les projets
Qu'alors j'avais imaginés,

J'ai joué l'amour à la roulette
Et fait l'amour à la sauvette ;

C'était une partie de cache-cache
Qu'il faut désormais payer cash.

Aimer au-dessous de ses moyens,
D'un sentiment dégénéré,
Aimer en faisant des emprunts
Sans même pouvoir les rembourser.

J'ai fait les soldes de l'amour
Sans voir ma comptabilité,
C'était alors le seul recours
Mais sans compatibilité.

J'ai joué à la bête à deux dos
Sans tenir compte des agios,
J'ai aimé sans procuration,
Il me faut régler l'addition.

Toute une vie sans intérêt
A faire l'amour en PCV
Pour oublier cette fracture,
Je dois acquitter la facture.

Après ces amours clandestines
Je suis amoureux débiteur,
J'ai besoin de sauver mon cœur,
C'est ce à quoi je me destine.

Remettre le compteur à zéro
Et remonter sur ton bateau,
Me transporter au septième ciel
Sans faire des queues aux zéros.

Tête à cœur

Il manque peut être un peu d'amour,
Il en manque peut être un soupçon
Pour que se taisent les tambours,
Que l'on n'entende plus leur son.

Il manque peut être un peu d'esprit
Pour s'amuser, pour que l'on rie.
Il manque un peu d'intelligence
Pour savoir saisir notre chance.

Il manque peut être un peu d'amour
Pour que nous soyons moins bêtes,
Pour avoir du plomb dans la tête
Et que nous ne soyons plus sourds.

Il manque peut être une cervelle
Pour préserver nos chers enfants,
Pour protéger leurs jambes frêles
De vos mines antipersonnel.

Il manque peut être un cœur d'enfant
Pour s'occuper des animaux
Autrement que par des mots,
Nous n'avons plus beaucoup de temps.

Il manque peut être un peu d'amour
Pour arrêter les beaux discours,
Pour n'employer plus les canons
Au nom de quelque religion.

Il manque peut être un peu de cœur
Quand il s'agit de s'entraider.
Il manque peut être quelques idées
Pour être tout près du bonheur.

Il manque peut être un peu d'amour
Pour pouvoir sauver la planète,
Il en manque peut être pour
Que l'on oublie les mitraillettes.

Il manque peut être un peu de rêve
Pour que l'humanité ne crève.
Pourquoi faut-il vivre sur terre
Comme si l'on était en enfer ?

Armons- nous les uns les autres
Mais armons- nous de patience
Car il n'est pas encore des nôtres
Le premier jour de tolérance.

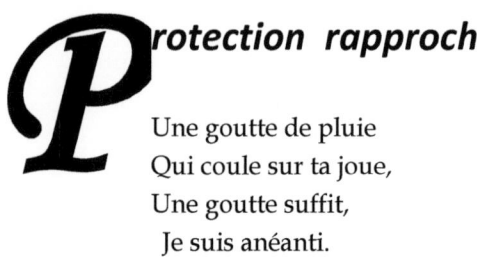Protection rapprochée

Une goutte de pluie
Qui coule sur ta joue,
Une goutte suffit,
Je suis anéanti.

Sur tes paupières une ombre,
Des tracas qui t'assaillent,
Peu importe le nombre,
Aussitôt je tressaille.

Un voile sur tes pupilles,
Ton corps endolori
Et me voilà meurtri,
Voilà que je vacille.

Sur ton front une ride,
Signe de tes soucis,
Je les ressens aussi
Et je deviens livide.

Ton esprit tourmenté
Et je ne suis plus moi,
Une larme, tu vois
Et je suis dévasté.

Ton âme qui chavire
Et je suis en émoi,
Il n'y a rien de pire,
Une larme, tu vois.

Me charger du fardeau,
Le prendre sur mon dos
Pour que tu n'aies pas peur,
Ne sentes pas la douleur.

Et si quelqu'un te ment,
Te cause du tourment,
Il viendra en découdre
Et subira mes foudres.

T'épargner la souffrance,
Voilà ce qui m'obsède,
Je n'ai pas besoin d'aide,
Mon courage est immense.

Faire de ta vie un rêve
Qui jamais ne s'achève,
Ma seule récompense,
Près de moi ta présence.

Une larme de joie
Qui glisse sur ta joue,
Une larme, c'est tout,
Et le ciel j'aperçois.

*P*rimaire

Mon école a disparu
Quelque part dans la rue,
Avec elle mon enfance,
Un peu d'adolescence.

Des images fanées
Remontent le courant,
Surgissent du passé
Comme les cris des enfants.

Mon école a vieilli,
Celle de Jules Ferry,
Dans son ancien décor
Que je revois encore.

Avec son bois ciré,
Son parquet grisonnant,
Ses pupitres inclinés,
Ses encriers dedans.

Les plumes sur le papier
Et les écrits violets,
Les ardoises qui grincent
Sous la craie qui s'agace.

Les dictées, les leçons
Et les compositions,
Les bons points, les images,
Les frises, les coloriages.

L'accord grammatical,
A l'écrit, à l'oral,
La leçon de morale,
Le Maître sur piédestal.

Les noms des capitales
Et puis les rédactions,
Le nombre décimal
Et les récitations.

Les versions et les thèmes
Et la révolution,
Les civilisations,
Les redoutés problèmes.

Tout un vocabulaire
A lire et à écrire
Qu'il fallait qu'on digère,
La place à conquérir.

La tonne et le quintal,
Tout le calcul mental

Et en apothéose
Notre leçon de choses.

La règle impitoyable
Qui tapait sur nos doigts
Pour un oubli coupable,
Un haussement de voix.

Mais la récréation,
La classe qui s'éparpille
Pour jouer aux avions,
Former des escadrilles.

Les poches pleines de billes,
Les ballons, les osselets,
Les cocottes en papier
Et parfois les bisbilles.

Et puis la gymnastique,
L'échelle horizontale,
Le plein air, l'élastique,
Le gardien qui s'étale.

Et la lumière jaunâtre
De la salle de théâtre,
Le ciné du samedi,
La s'maine des quat' jeudis.

Les travaux manuels
Près du poêle caressant,
La kermesse annuelle,
Fier comme Artaban.

Les prix que l'on reçoit,
Sur scène, endimanchés
Ou le certificat
Pour aller travailler.

Mon école a vieilli
Et pourtant, aujourd'hui
J'en ai la nostalgie.
Malgré ce que l'on dit,
L'école de Jules Ferry
A fait ce que je suis.

Tango des 50èmes rugissants

Je me rends compte que j'me défrise
Et que je prends de la bedaine ;
Je crois bien qu'est venue la crise
La crise de la cinquantaine.

On me dit que je me traîne
De regarder un peu ma dégaine
Et on me dit, on me dit surtout
Que je n'suis plus du tout dans l'coup.

J'ai aussi parfois l'impression
Que ça ne tourne pas rond,
Que je perds la boussole,
Ce n'est vraiment pas drôle.

Pour un rien, j'éclate de rire,
Je perds aussi la mémoire.
Attendez, et c'est le pire,
Quand je suis dans un isoloir.

Parfois, je suis en décalage,
J'oublie de payer mes impôts ;
Il paraît que c'est l'âge,
Avouez, c'est vraiment trop ballot.

Un jour, j'ai perdu ma conjointe
Et au moment où je l'ai rejointe,
J'me suis mis à faire la vaisselle
Et puis j'ai sorti les poubelles.

Je lui ai fait plein de câlins.
Je ne comprends pas ce qui m'arrive,
Pourquoi ces actions impulsives,
C'est vous dire si je n'vais pas bien.

Que vous dire de mon pauvre dos,
D'ma sciatique, de mes rhumatismes,
D'mon lumbago, d'ma libido
J'ai perdu mes automatismes.

De vous dire encore plus, je n'ose
Car bien souvent j'ai des vapeurs,
J'me lève la nuit comme un voleur
C'est le début de l'andropause.

On dit aussi que j'suis trop vieux ;
J'suis mal, vous voyez à quel point.
On me dit que ça n'ira pas mieux,
Que ce sera bien pire demain.

Si un jour vous en croisez un,
Au débotté, à l'improviste,
Qui va encore beaucoup moins bien,
C'est sûr, c'est le psychanalyste.........DU COIN !

Menus travaux

Pour Toi, je ferai tout,
Pour Toi, je serai fou,
Je peux être dément
Si nous sommes amants.

Je peux tout supporter,
Les coups et les épreuves ;
Je vais te le montrer,
T'en apporter la preuve.

Pour Toi, je peux toujours
Renverser des montagnes ;
Je veux que tu parcoures
Le Pays de Cocagne.

Je veux veiller sur Toi,
Protéger ton sommeil,
Que tu puisses avec moi
Dormir sur deux oreilles.

Je serai troubadour,
Je serai ménestrel,
Je vais chanter l'amour,
Le voir dans tes prunelles.

Pour Toi, je bâtirai
De merveilleux palais
D'argent, d'or et de pierres,
De moi, tu seras fière.

Pour Toi, j'abolirai
Les horloges et le temps ;
Nous vivrons sans compter
A l'heure de nos vingt ans.

J'accrocherai à ton cou
Toute une pluie d'étoiles
Qui sembleront bien pâles
Autour de ce bijou

Et je ferai un feu
Comme n'en vit aucune,
Qu'on verra de la lune
Refléter dans tes yeux

Je peux porter la terre,
Tu vois, je peux tout faire
Mais il faut que tu sois
Toujours auprès de moi.

Existe en ciel

Tu sais, si je te quitte,
Si je te quitte un jour,
Ce sera, mon Amour,
A mon cœur défendant.
Il n'y aura pas de fuite,
Juste le firmament.

S'il n'y avait plus de lendemain,
Si je devais mourir demain,
Laissant cet univers,
Je voudrais m'endormir,
Gardant les yeux ouverts,
Contemplant cette image
De ton si beau visage
En train de me sourire.

Rien ne peut m'arriver
Si je dois m'en aller
Puisque jour après jour,
Sur le disque de mon cœur,
J'ai gravé tellement d'amour,
Accumulé tant de bonheur.

Je voudrais voyager
Mais sans m'évanouir,
Mais sans t'abandonner,
Et, sans te démunir,
Je voudrais emporter
Ta tendresse, tes baisers.

J'aurai le souvenir
De nos âmes unies,
Des rires en serpentin
Du lit à baldaquin,
Nos cœurs en harmonie
Sans peur de l'avenir.

Et sur mon grand écran,
Je verrai défiler
Ces très belles années
Et ces si beaux printemps.
Je verrai par milliers
La scène du baiser,
Ton Pays des merveilles,
Une vie sans pareil.

Mais avant de partir,
Avant de m'assoupir

Vers ce monde stellaire,
Je veux serrer encore
Mon icône solaire
Un peu contre mon corps.

Si un jour il s'avère
Que mon amour t'emporte,
Que tu sois passagère,
Que vers moi il te porte,
Je te verrai là-haut,
A jamais, sans repos,
Illuminer le ciel,
Eclairer le soleil.

*C*ontact

Poser les yeux sur Toi
Pour voir au fond des tiens
Briller un peu les miens
En écho de ta voix.

Poser les yeux sur Toi
Pour graver ton image
S'il m'arrive parfois
De quitter ton rivage.

Poser les yeux sur Toi
Sans jamais me lasser
Ni voir le temps passer,
Toucher au Nirvana.

Poser les yeux sur Toi,
Ma survie en dépend
Car j'ai besoin de Toi
Toute ma vie durant.

Poser les yeux sur Toi,
Y lire nos souvenirs
Mais aussi le désir,
Le bonheur dans mes bras.

Poser les yeux sur Toi,
Ne pas poser que çà,
Vérifier si je rêve
Ou si le jour se lève.

Poser les mains sur Toi
Et du bout de mes doigts,
Dessiner sur ta bouche
Ce sourire qui me touche.

Poser les yeux sur Toi
Et ma main sur ta joue
Et ma joue sur ton cou
En oubliant le froid.

Poser les mains sur Toi,
Sentir monter la fièvre
En y posant mes lèvres,
Ne plus penser qu'à çà.

Poser les mains sur Toi,
Serrer tout contre moi
Ton ventre qui se presse,
Un gage, une promesse.

Poser les mains plus bas
Sans quitter ton visage.
Mes mains ne sont plus sages
En glissant sur tes bas.

Poser les mains sur Toi
Et caresser ta peau,
Il n'est rien de plus chaud,
Rien de plus doux pour moi.

Les poser sur ton corps,
Découvrir ton corsage,
S'aventurer encore
Et toujours davantage.

Pose les yeux sur moi,
Tu sais que tu verras
Tout mon être en émoi,
L'amour que j'ai pour Toi.